Senta Stein
Sterne leuchten uns den Weg

AF288429

Senta Stein

Sterne leuchten uns den Weg

37 Geschichten zur Weihnachtszeit

J. Ch. Mellinger Verlag

541-826
Nordische Schwan

Dieses Buch ist ein umweltschonendes Produkt und ist mit dem Nordic
Ecolabel („Nordischer Schwan") zertifiziert.

6. Auflage 2021
© 2002 J. Ch. Mellinger Verlag GmbH, Stuttgart
Alle Rechte vorbehalten
ISBN 978-3-88069-381-4
www.mellingerverlag.de

Inhalt

1. Ein Kindlein ist unterwegs ...

Es begab sich einst, vor über 2000 Jahren, dass der Engel Gabriel der Jungfrau Maria erschien und ihr ungewöhnliche Kunde überbrachte: Maria sei auserwählt, das Jesuskind zur Welt zu bringen ...

Nachdem Gabriel bei Maria gewesen war, um ihr diese Botschaft zu verkünden, ging ein ehrfürchtiges Raunen durch die Himmelsweiten und die Erdenwelten. Nun würde also dieses große Wunder, dass ein Gott Mensch wird, tatsächlich geschehen! Und in dem liebreizenden Kinde, das von Maria geboren werden würde, sollte sich dieses Wunder vollziehen!

Zuerst sprach es sich im Himmel herum, von einem Stern zum anderen. Die Sterne wollten dem Kind natürlich mit ihren besten und schönsten Strahlen all das auf den Erdenweg mitgeben, was es nur irgend nötig haben würde.

Der Ort, an dem das Kindlein zur Welt kommen sollte, war ja längst bekannt und von allen Propheten verkündet worden: Es war die kleine Stadt Bethlehem oben in den judäischen Bergen, nicht gar so weit weg von Jerusalem.

Ein Stern stand schon ganz in der Nähe dieses Ortes, und so war er auch als Erstes dort und schaute genau hin, wo hier in Bethlehem wohl der rechte Platz für die Geburt des Kindes sein könnte. Aber das war gar nicht so einfach: In den schönen Häusern waren die Herzen der Menschen hart und kalt. Wie sollte das Kind bei ihnen wohnen können?!

Der Stern suchte weiter und sah endlich eine kleine alte Hütte, ja eigentlich war es nur ein alter Stall, der etwas abseits stand. Ob dies die richtige Herberge sein würde? So fragte sich der Stern.

2. Stammvater David

Schon bald kam ein zweiter Stern zu dem ersten hinzu. Er kannte diesen stillen, einfachen Ort am Rande von Bethlehem gut. Oft hatten Hirten hier vor Wind und Wetter Schutz gesucht. Ein uralter Baum stand bei dem Stall – wunderbare Geschichten konnte er erzählen, die aus seinen tiefen, weit verzweigten Wurzeln aufstiegen und die er mit seinen geheimnisvoll rauschenden Zweigen denen erzählte, die zu lauschen verstanden.

So auch die Geschichte von dem einfachen Schafhirten David, der hier einmal vor vielen, vielen Jahren als Knabe die Schafe gehütet hatte. Da war ein mächtiger, starker Kriegsheld, groß wie ein Riese, aus einem fremden Reich gekommen, und er und seine Leute hatten begonnen, das schöne Land ringsherum zu verwüsten. Goliath hieß der Krieger. Dem jungen, schönen Knaben David aber war es gelungen, nur mit einer Steinschleuder bewaffnet, die er sich selbst gefertigt hatte, den mächtigen Feind zu überwinden. Furchtlos war er vor Goliath hingetreten, der ihn höhnte und verlachte, hatte ruhig und sicher gezielt und ihn so getroffen, dass der Riese tot niederstürzte. So wurde das Land wieder frei.

Dieser David aber, so wusste es der alte Baum, sollte der Stammvater des wunderbaren Kindes sein, von dem der Engel gesprochen hatte und das nun zur Welt kommen sollte. Noch immer hüteten die Hirten in dieser Gegend ihre Herden, und auch heute sah der Stern in der Ferne eine Schafherde mit ihren Hirten.

3. Die Liebe der Sterne und Winde

Noch ein dritter Stern fand sich ein und verband seine wohltätigen Strahlen mit denen der beiden anderen Sterne.

Es war die dunkle, kalte Jahreszeit gekommen, und ein scharfer Nordwind pfiff über die Berghöhen. Der alte Baum hatte längst seine Blätter verloren, kein Blümlein wuchs mehr zwischen dem verdorrten Gras, und all die kleinen Tiere und Vögel hatten in Höhlen und dichten Zweigen Schutz gesucht.

In dieser unwirtlichen Zeit sollte das kleine zarte Jesuskind geboren werden? Darüber machte sich der Stern so seine Gedanken, und er teilte seine Sorgen den beiden anderen Sternen mit. Alle drei wollten sie dem Kindchen hier auf der Erde einen schönen, liebevollen Empfang bereiten. Bald hatten sie sich etwas überlegt, wie sie ein wenig dazu beitragen könnten:

Sie begannen ihre Strahlen zu all den anderen Sternen zu senden, und zusammen mit diesen suchten sie den Weg zu der Mutter der Winde. Ihr erzählten sie von der herannahenden Geburt des Jesuskindes. Sie berichteten ihr auch von den harten Herzen der reichen Menschen in Bethlehem und davon, dass das Kindlein daher in dem armen Stall am Rande von Bethlehem zur Welt kommen müsse. Undicht sei der Stall, und alle kalten Nordwinde bliesen nun zur Winterzeit durch seine vielen Ritzen, sodass die armen Eltern mit ihrem Kindlein bestimmt Gefahr laufen würden, zu erfrieren.

Sofort bekam die Mutter der Winde tiefes Mitleid mit dem Kindlein und seinen armen Eltern. Sie rief alle ihre Windsöhne herbei und erzählte ihnen von der bevorstehenden Ankunft des Jesuskindes. Da wollten natürlich am liebsten alle dabei sein, aber das wäre dem armen Kindchen schlecht bekommen. Das verstanden die Winde, und so versprachen sie ihrer Mutter, sich dort zahm zurückzuhalten, damit das kleine Kindlein nicht erschrecke und nicht erfriere.

Nur die ganz warmen, lauen Südwinde bekamen die Erlaubnis, vorsichtig schon einmal die Gegend und ganz besonders den Stall zu erwärmen. Und diese wollten auch gleich damit beginnen.

4. Die Weisheit der Mistel

In dem alten, winterlich kahlen Baum befand sich in einer Ast-
gabel eine kleine grüne Stelle. Dort wuchs nämlich eine Mistel.
Ein Vogel hatte den Samen dort einmal fallen lassen. Dieser war
gekeimt, und der Mistel gefiel es gut in dem alten Baum, dessen
starke Äste Schutz vor Wind und Wetter gaben. Eigentlich war sie
noch vor kurzem gar nicht so klein gewesen, aber ein alter Hirte
war gekommen, hatte einen großen Teil von ihr abgeschnitten und
mit nach Hause genommen. Als ihn sein Gefährte fragte, warum
er das mache, erzählte der Hirte ihm eine Geschichte. Während
die Mistel dieser Erzählung lauschte, schien es ihr, als käme eine
uralte Erinnerung zurück, und gerne gab sie dem Hirten, was er
sich nahm. Die Geschichte des Hirten aber war diese:

In uralten Zeiten wurde der Lichteste der Götter bedroht von
den dunklen Mächten der Finsternis. Von dieser Gefahr erfuhr die
Mutter des Gottes und bat nun alle Pflanzen der Erde, ihrem Sohne keinen Schaden zu zufügen. Diese liebten das Licht, da ja alle
zwar ihre Wurzeln in der nährenden Mutter Erde haben, aber nur
das Licht sie aus der Erde herauslockt und sie Blüte und Frucht
bilden lässt. So schworen sie, dass keine dem Lichtgott schaden
wolle. Bei diesem Schwur aber wurde die kleine, unscheinbare
Mistel vergessen. Sie erschien der Göttermutter zu schwach, um
ihrem Sohne schaden zu können. Hatte sie doch auch ihre Wurzeln nicht in der Erde, sondern holte sich ihre Kraft aus den Bäu-
men, in denen sie nistete.

So wurde sie dazu benutzt, den Lichtesten der Götter zu töten.

Tief lebte seither der Schmerz darüber in ihr, und gerne hätte
sie die Tat wieder gutgemacht. So entwickelte sie große Heilkräf-
te. Weise Menschen, welche mit den Geheimnissen der Natur ver-

traut waren und mit ihnen in rechter Weise umzugehen verstanden, gewannen aus ihr Arzneien gegen allerlei Krankheiten. Ganz besonders gegen solche, wo Lichtkräfte nötig sind, um wuchernde Geschwüre einzudämmen, Krämpfe zu lösen und vieles andere.

Die Mistel aber wusste noch mehr: Sie wusste, dass einmal der höchste Gott des Lichtes selbst aus den Reichen der Sonne zur Erde kommen würde, um den Menschen das innere Seelenlicht wieder neu zu schenken. Nach diesem Gott sehnte sie sich, und ganz neu war diese Sehnsucht in ihr nach der Geschichte des Hirten wieder erwacht.

5. Jeden Tag ein bisschen Licht ...

Als das kleine Rotkehlchen, das in den Zweigen des alten Baumes wohnte, eines Morgens erwachte, da wehte statt des kalten Nordwindes plötzlich ein warmer linder Hauch durch die Äste. Ganz verwundert war das kleine Vöglein; war es denn schon Frühling geworden? Es zwitscherte verwirrt zu dem sanften Südwind, wo er denn mitten im Winter herkäme?

Nun erzählte der Südwind dem kleinen Rotkehlchen die ganze Geschichte, wie er sie von den Sternen gehört hatte. Mit glänzenden Augen hörte ihm das Vöglein zu und fragte danach immer noch etwas und noch etwas und wollte alles ganz genau wissen. Aber auch die Mistel war ganz aufmerksam dabei.

Anschließend überlegte das Rotkehlchen, ob es nicht auch etwas tun könne, um dem Kinde die Ankunft hier schöner zu machen. Es flog ein paar Mal um den Stall herum – und tatsächlich fand es eine Stelle, an der ein Brett lose geworden war und es in den Stall hineinfliegen konnte. Aber wie sah es da drinnen aus! Es war eben ein alter Stall, in dem lange niemand gewesen war: Verstaubt war alles, das Heu war durch den stürmischen Nordwind, der durch die Ritzen geblasen hatte, auf dem Boden verstreut, das Stroh, das früher schön in einer Ecke gelegen hatte, damit die Tiere warm darin schlafen könnten, ebenfalls – und so weiter.

Tja, sagte sich das Rotkehlchen, so können wir das für die Ankunft der Heiligen Familie nicht lassen. Es fing an, jeden Tag mit seinem Schnäbelchen ein wenig Heu und Stroh zusammenzutragen, und manchmal fand es dabei sogar noch ein paar Getreidekörnchen. Die pickte es nun nicht etwa einfach auf – nein! Sorgfältig sammelte es alle in einem Futtertrog, denn wenn Maria und Joseph kämen, hätten diese ja bestimmt auch Hunger, und davon könnten sie sich eine gute Grütze kochen. Für Ochs und Esel, die ja, wie das Rotkehlchen erfahren hatte, auch mitkommen würden, wäre noch genug Heu und Stroh da.

Jeden Tag wurde es nun ein wenig schöner in dem Stall. Aber denkt euch nur, wie mühsam diese Arbeit für den kleinen Vogel war! Unverdrossen arbeitete er jedoch weiter ...

6. Gaben der Natur

Von dem vielen eifrigen Hin- und Herfliegen des Rotkehlchens und durch den warmen Südwind war auch das Eichhörnchen, das in einer Höhle im Baumstamm geschlafen hatte, wach geworden. Verwundert rieb es sich die blanken schwarzen Äuglein und fragte das Rotkehlchen, was es denn vorhabe.

Jetzt war es an dem Vögelchen, dem Eichhörnchen alles ausführlich zu erzählen, was es selbst vom Südwind erfahren hatte. Aber es erzählte seinem Freund ebenfalls, wie unordentlich der Stall aussehe und wie es nun damit beschäftigt sei, alles fein säuberlich aufzuräumen. Auch von den Getreidekörnchen berichtete es, die es für Maria und Joseph in dem Futtertrog fleißig sammelte.

Das Eichhörnchen lobte den Vogel und versprach, dass es, wenn alles fertig aufgeräumt wäre, mit seinem schönen buschigen Schwanz alles sauber abstauben würde. Schließlich könnten Maria und Joseph nicht auf solch verstaubten Hockern sitzen! Und das Jesuskind bekäme wohl gar noch einen Husten von dem vielen Staub!

Dann aber hatte das Eichhörnchen noch eine andere Idee, was es für Maria und Joseph herrichten könnte, wenn sie von der langen Reise aus Nazareth ankämen: Jetzt im Winter gab es doch draußen nichts Essbares mehr für die Menschen. Im letzten Herbst aber hatte das Eichhörnchen ganz besonders viele schöne Nüsse gesammelt und einen großen Vorrat davon in einem Versteck aufbewahrt. Diesen Wintervorrat wollte es nun für Maria und Joseph plündern und einige ganz besonders schöne Nüsse für sie bereitlegen. Der Winter werde schon nicht so lange dauern, dass das Eichhörnchen selbst alle Nüsse brauche, meinte es – und wenn doch, so werde es schon trotzdem irgendwie durchkommen. Hauptsache sei erst einmal, dass die Heilige Familie keine Not leide. Und gleich machte es sich daran, die Nüsse zu suchen und in den Stall zu bringen.

7. Die Sprache der Sterne

Inzwischen war noch ein Stern über Bethlehem angekommen. So gerade über dem Dach des Stalles blieb er stehen, denn er wollte ganz dicht dabei sein, wenn das Jesuskind geboren würde. Er erzählte nun den anderen Sternen, dass bald ein besonders großer, wunderbarer Stern komme, und wenn dieser da sei, dann wäre die richtige Zeit für die Geburt des Jesuskindes. Aber nicht nur der große Stern käme noch, auch viele andere Sterne hätten sich auf den Weg gemacht, um in dem wunderbaren weiten Himmelsraum den Platz zu finden, von dem aus sie besonders gut und ohne sich dabei gegenseitig zu stören ihre helfenden Kräfte auf die Erde senden könnten.

Die Hirten aber, wenn sie abends beim Feuer saßen und zu dem sternklaren Himmel hinaufblickten, wunderten sich über die ganz besonders schöne Sternenpracht und all die eigenartigen, so ganz anderen Figuren, die da durch die Sterne am Himmel entstanden und die sie nicht zu deuten wussten. Manchmal fragten sie sich, was es damit wohl für eine Bewandtnis habe und ob bald etwas Besonderes geschehen werde.

Früher hatte es ja Menschen gegeben, die aus den Bahnen der Sterne zu lesen verstanden. Doch die Hirten kannten niemanden, der dies noch vermochte. So blickten sie nur voll Staunen hinauf zu dem klaren Sternenhimmel und freuten sich an seiner Pracht.

8. Himmlische Musik

Während die leuchtenden Sterne am Himmel so in ihr Gespräch vertieft waren und ihre Sternenweisheit über dem Stall erstrahlen ließen, schien plötzlich in dem alten Baum ein ganz anderes kleines, funkelndes Sternlein zu erwachen und zwischen den Ästen hervorzukommen, als wolle es mit den Sternen am Himmel um die Wette leuchten!

Es war aber kein Sternlein, sondern ein Glühwürmchen, welches da unverdrossen sein kleines Lichtlein leuchten ließ.

„Ja, wo kommst du denn jetzt mitten im Winter her?", rief die Mistel ihm zu. „Eigentlich bist du ja ein halbes Jahr zu früh dran!"

Das Glühwürmchen war auch ganz erstaunt, weil alles so ganz anders aussah, als es geträumt hatte: Keine Blumen waren da, nur spärliches Gras wuchs kümmerlich, und sehr warm war es auch nicht, obwohl der Südwind sich ja redlich bemühte.

„Ja, weißt du", antwortete es der Mistel, „ich hatte so einen schönen Traum. Es war, als käme ein wunderbares Licht immer näher zur Erde. Warm und mild war es, schöner als der zarteste Vollmondschein. Eine leise himmlische Musik erklang dazu, und davon bin ich aufgewacht. Sofort wusste ich ganz genau, dass hier bald etwas Besonderes geschehen würde, und ich wollte unbedingt dabei sein. Sicher wird dafür auch mein kleines Licht gebraucht!"

Nun erzählte die Mistel dem Glühwürmchen, was sie selbst von dem Lichtgott wusste und was sie vom Südwind gehört hatte. Mit großer Andacht hörte das Glühwürmchen zu und nahm sich vor, nun jeden Abend ganz besonders schön zu leuchten, damit Maria und Joseph, falls sie spät in der Nacht ankämen, in der Dunkelheit auch den Stall gut finden könnten.

9. Der Rabe und die Weissagung

Noch ein anderer Geselle wohnte in dem alten Baum: ein ebenfalls uralter Rabe. Still und zurückgezogen lebte er und machte nicht mehr viele Worte, obwohl er schon sehr viel gesehen und gehört hatte. Von seinem Großvater, der noch älter geworden war, als er jetzt Jahre zählte, hatte er die alten Weisheiten früherer Zeiten erfahren. Dieser hatte sie von seinem Großvater gehört und jener wieder von seinem Großvater und so weiter ...

Dieser Rabe war nun der Letzte seines Stammes. Wohl war auch er einmal jung gewesen, hatte Frau und Kinder gehabt, aber alle waren sie vor ihm gestorben, zum Teil durch sehr traurige Umstände.

Das hatte den Vogel noch einsamer gemacht, denn er hatte kein Kind und kein Enkelkind mehr, an das er seine große Weisheit hätte weitergeben können. So saß er meist still und in sich gekehrt an seinem angestammten Platz auf einem abgestorbenen Ast des alten Baumes und sann über all das nach, was er aus alten Zeiten wusste.

Er wusste, dass hier früher einmal eine heilige Stätte gewesen war. Priester hatten hier ihre Gottesdienste gehalten und ihre Opfer dem großen Gott der Sonne dargebracht. Andere Völker waren gekommen, hatten die heilige Stätte zerstört, aber auch diese Eroberer waren wieder verschwunden.

Damals waren die Raben, wegen ihrer großen Weisheit hoch geachtet, als Boten der Götter angesehen worden, und manches Weise hatten sie den Priestern zugeraunt. Aber all dies hatten die Menschen nun vergessen. Ja, sie meinten sogar, die schwarzen Vögel brächten Unglück, und oft warfen deshalb die jungen, ungebärdigen Knaben Steine nach dem alten Raben, um ihn zu verjagen, sodass er jetzt die Menschen fürchtete. Wer aber würde die alten Weisheiten weitertragen, wenn sein Geschlecht ausstarb?

Nur selten kam noch jemand an diesen Ort. Als es nun in dieser sonst so ruhigen, dunklen Winterzeit so unruhig wurde, Rotkehlchen und Eichhörnchen hin und her eilten, sogar ein Glühwürmchen umherflog, fühlte sich der alte Rabe in seinem Nachdenken gestört. Verärgert blinzelte er zu den immer heller werdenden Sternen hinauf.

Da tauchte bei ihrem Anblick eine Erinnerung in ihm auf an eine heilige Weissagung: In der größten Dunkelheit aller Zeiten und der tiefsten Not der Menschheit werde einst das größte Himmelslicht auf die Erde kommen. Ob diese Zeit nun da war? Fast schien es ihm so, und er beschloss, ganz wach zu bleiben und aufmerksam alles zu beobachten, was sich an diesem einst so heiligen Orte zutragen würde. Es würde ihm leichter fallen, bald zu sterben, wenn er diese Zeitenwende noch erleben könnte!

So hoffte der alte Rabe.

10. Ein Heim für die Heilige Familie

Inzwischen war noch ein kleiner, einfacher und bescheidener Stern hinzugekommen. Während er oben am Himmel auf die Ankunft der Heiligen Familie wartete, schaute er sich den Ort ein wenig näher an und beobachtete recht genau, was da so alles vor sich ging. So sah er natürlich auch das Rotkehlchen, das immer in den dunklen Stall hineinflog und müde und ganz zerzaust wieder herauskam. Denn in dem alten Stall, der kein offenes Fenster hatte, war es wirklich sehr dunkel, und oft streifte das arme Rotkehlchen bei seiner Arbeit irgendein altes Holz oder stieß sich gar an einem Gegenstand, den es einfach nicht gesehen hatte.

Der Stern fragte daher das Vögelchen, was es denn immer in dem Stall mache, und da erzählte es ihm, wie schrecklich der Stall aussehe, wie viel Arbeit es noch gäbe bis zur Ankunft von Maria und Joseph und dass das Eichhörnchen ihm aber dabei helfen wolle, wenn es mit dem Zusammentragen der Nüsse fertig wäre.

Als der Stern das alles hörte, bekam er Mitleid – nicht nur mit Maria, Joseph und dem Jesuskind, das in diesem alten, unordentlichen Stall zur Welt kommen sollte, sondern auch mit dem kleinen fleißigen Rotkehlchen.

Und sein Mitleid wurde so groß, dass er plötzlich seinen schönen Himmelsplatz verließ und durch die Ritze, welche auch das Rotkehlchen benutzte, in den Stall hineinschlüpfte! Da war das Rotkehlchen glücklich! Die Arbeit ging nun viel schneller und besser vonstatten, und auch das Eichhörnchen begann bei dem schönen hellen Licht gleich mit dem Staubwischen.

Bald hatten sie alles zu ihrer Zufriedenheit hergerichtet und konnten es kaum mehr erwarten, bis Maria und Joseph mit Ochs und Esel kommen und sich an dem schönen, aufgeräumten Stall freuen würden!

11. Der Winterschmetterling

Zwischen den Wurzeln des alten Baumes hatte sich im Herbst ein wunderschöner gelber Schmetterling verkrochen, um dort zu schlafen, bis die warme Frühlingssonne ihn wieder wecken würde.

Als der laue Südwind um den Baum strich, wurde auch er wach. Aber wo waren denn die schöne warme Frühlingssonne und die zart duftenden Frühlingsblumen? Verwirrt flatterte der Schmetterling umher und sah endlich durch die Ritzen des alten Stalles das helle Licht des Sternes schimmern. Zu diesem Licht wollte er hin, und er gelangte tatsächlich auch in den Stall hinein. Aber dort fand er nicht die Frühlingssonne, sondern den Stern, der ihm hell und freundlich entgegenstrahlte. Von ihm erfuhr er jetzt, was sich bald in dem alten Stall ereignen sollte. Da wollte der Schmetterling natürlich auch nicht wieder zurück in seinen Schlupfwinkel, sondern mit den anderen auf die Ankunft des Kindchens warten.

Während des Wartens aber erzählte er dem Stern seine Lebensgeschichte: Nicht immer habe er so dem Licht entgegenfliegen können wie heute. Nachdem er in der warmen Sonne aus einem ganz kleinen Ei geschlüpft sei, habe er immer nur Hunger gehabt. Schwerfällig sei er auf der Suche nach grünen Blättern zum Fressen auf der Erde herumgekrochen, ohne diese leichten, farbig glänzenden Flügel, die er jetzt habe. Dann aber habe ihn eine unbestimmte Sehnsucht überkommen, und er sei sooo müde geworden. Darauf habe er sich ein feines, dichtes Bett gesponnen und lange, lange darin geschlafen. Eines Tages aber sei er aufgewacht und sei aus dem feinen, dichten Bett herausgekrochen zur strahlenden, hellen Sonne hin, die ihm schon entgegengeleuchtet habe!

Nun habe er diese schönen Flügel gehabt, sie weit ausgebreitet und sei unter dem warmen Sonnenlicht von Blume zu Blume geflogen. Jede dieser schönen Blumen habe ihn angestrahlt wie ein Kind der großen Sonne am Himmel.

Er habe die Blumen voneinander gegrüßt und ihnen von der schönen Sommerwelt erzählt, bis eine Blüte nach der anderen verwelkt und abgestorben sei. Schließlich seien fast alle verschwunden, der kalte Nordwind sei gekommen, und da habe er sich unter die alten, schützenden Wurzeln des Baumes geflüchtet und sei eingeschlafen. Von Wärme und Licht habe er dort geträumt, bis der warme Hauch des Südwindes ihn geweckt habe.

Der hell leuchtende Stern erinnerte ihn an die Blumensterne der Sommerwiesen, doch den süßen Blütenstaub der Sommerblumen, den der hungrige Schmetterling so dringend brauchte, konnte ihm der Stern nicht geben.

12. Fleißige Honigbienen

Der warme Südwind hatte aber noch mehr Bewohner des alten Baumes aufgeweckt, nämlich auch drei wilde Bienen. Als sie verschlafen aus ihrem Schlupfloch gekrochen kamen, wurden sie ebenfalls von dem Sternenlicht, das aus dem Stall herausleuchtete, angezogen, und sie flogen durch eine Ritze hinein.

Dort drinnen erzählte auch ihnen der Stern die wunderbare Geschichte von Maria und Joseph und dem kleinen Jesuskind, das hier bald geboren werden sollte. Aufmerksam und staunend hörten ihm die Bienchen zu.

Sofort wollten auch sie dem Gotteskind ein Geschenk zu seiner Ankunft bereiten. Gleich flogen sie zu dem alten Baum zurück, holten dort zuerst aus ihrem Haus Wachs von den Waben und begannen damit neue Waben in eine Ecke des Stalles zu bauen. Danach, als genügend da waren, holten sie aus ihrem Wintervorrat Tröpfchen für Tröpfchen den herrlichsten Honig und füllten ihn in die Waben. Viele, viele Tage flogen sie hin und her, damit das Jesuskind bei seiner Ankunft auf der kalten Erde ein wenig Blütenhonig habe, der ihn an seine himmlische Heimat erinnern sollte.

Aber auch der Schmetterling, der hungrig umherflatterte und keine einzige Blüte fand, bekam jeden Tag ein kleines Tröpfchen davon.

13. Kleines, zartes Pflänzchen

Als die Bienchen eines Morgens wieder zum Stall flogen, kam ihnen ein zarter Duft entgegen, wie er sonst nur im Frühling zu finden ist. Sie suchten nach der Quelle dieses Geruchs – und was fanden sie? Ein kleines Erdbeerstöckchen hatte zu blühen begonnen, mitten im Winter und gerade vor der alten, noch dicht verschlossenen Stalltüre!

Natürlich naschten die Bienchen gleich von dem süßen Nektar, und auch der Schmetterling neigte sich bewundernd zu den zarten weißen Blüten, die ihr Köpfchen suchend nach der schwachen Morgensonne wandten. Der Südwind aber bemühte sich ganz besonders um die kleine Pflanze, damit sie nur ja nicht erfriere.

Dem Schmetterling, der sie des Öfteren besuchte, erzählte die Erdbeere ihre Geschichte:

Ganz ruhig hatte sie in ihren Wurzeln unter der Erde gewartet und Kraft für das neue Jahr gesammelt, als all die kleinen Zwerglein, Gnomen und Blumenelfen auf einmal ganz unruhig und aufgeregt geworden seien! Es hatte sich nämlich von den Wurzeln des alten Baumes herumgesprochen, dass gerade hier das Jesuskind geboren werden sollte.

Nun herrschte größte Aufregung, denn das göttliche Kind sollte selbstverständlich mit der entsprechenden Ehre hier begrüßt werden! Aber wie sollten sie das machen so mitten im Winter, wo doch alle Pflanzen noch unter der Erde waren und selbst das Schneeglöckchen noch lange nicht so weit war, den Frühling einzuläuten?

Dennoch wollten sie alles versuchen, um es mit ihrer ganzen Kraft wenigstens einigen wenigen Pflanzen schon jetzt zu ermöglichen, auf die Erde zu kommen. Aber welchen? Da hatte die kleine Erdbeere gleich gerufen, dass sie das sein wollte! Denn, so gab sie zu bedenken, sie habe nicht nur eine zierliche weiße Blüte mit einem sonnengelben Mittelpunkt – aus dieser goldenen Mitte würde nachher die köstlichste Erdbeere entstehen, und gerade Kinder naschten diese ja ganz besonders gern. Das leuchtete den Zwergen und den anderen Naturwesen sofort ein, und alle bemühten sich nun darum, dass das kleine Pflänzchen in dieser dunklen Jahreszeit so gut wie möglich gedeihen möge. Die Erdbeerpflanze selbst versuchte so viel Licht wie nur irgend möglich zu erhaschen, damit bald schöne rote Erdbeeren für das Kindchen bereit wären.

Nun war sich auch der Rabe, der die Geschichte der Erdbeere mitgehört hatte, sicher, dass sich die alten Weissagungen erfüllen würden und die Zeitenwende nahe sei. Voll Anteilnahme und Freude beobachtete er weiter, was geschah.

14. Ein Bergkristall für das Jesuskind

Unter der Erde sind viele Zwerge und Gnomen tätig – ganz besonders im Winter, wenn sich alles, was sonst grünt und blüht, in die Erde zurückgezogen hat. Dort unten bilden sich und ruhen aber auch die schönsten Steine und Edelsteine. Einen besonders wertvollen Edelstein wollten die Zwerge dem Kindlein als Geschenk bereitlegen. Doch wieder war die große Frage: Welchen?

Sie dachten an die klare Schönheit des Gotteskindes, die von keinem eigensüchtigen Gedanken getrübt war, sondern Gottes Liebe und Weisheit hell funkelnd widerspiegelte. Ein Bild dieser Schönheit schien ihnen der Bergkristall zu sein. Den schönsten, klarsten und regelmäßigsten suchten sie aus und brachten ihn in der Nacht aus dem Schoß der Erde empor. Dort legten sie ihn vorsichtig ebenfalls vor die Tür des Stalles. Da funkelte und glänzte er nun fast mit den Sternen um die Wette – es schien, als wären sie aus uralten Zeiten ein wenig miteinander verwandt.

Zusammen warteten sie weiter auf die Ankunft der Heiligen Familie.

15. Der Traum der Lilie

Noch eine Pflanze war von ihrem Elf unter der Erde angerufen worden: die Lilie. Sie hatte in ihrer dicken, weißen Zwiebel geträumt, und nur wenige Blätter waren noch auf der dunklen Erde geblieben.

Träumend war sie in fernen, paradiesischen Himmelswelten gewesen. Dort hatte ein wunderschönes, unschuldiges und doch mächtiges Kind alle mit seinen strahlenden Augen, einem liebevollen Lächeln und tief bedeutsamen Worten beglückt. Dann träumte die Lilie, dass das Kind sie verlassen wollte, und leise Trauer überkam sie ...

Jetzt war sie vom Blumenelf geweckt worden mit dem Ruf: „Das Kind kommt auf die Erde, beeile dich!" Da reckte und streckte sich die Lilie, wuchs, suchte mit ihrem Blütenkelch nach dem wenigen Sonnenlicht auf der Erde und fand sich bald vor dem armen Stall von Bethlehem wieder.

Auch sie wurde liebevoll begrüßt von den Bienchen und dem Schmetterling, dem sie ebenfalls ihre Geschichte erzählte, während ihr süßer, schwerer Duft ihn wundersam umfing und anzog.

Des Nachts aber, wenn der ruhige Glanz der Sterne sie umhüllte, träumte sie wieder von dem holden Himmelskinde, das bald auf die Erde kommen würde ...

16. Das Wunder der Rose

Vor dem Stall stand auch ein alter, verdorrter, dorniger Rosenstrauch. Hart war sein Holz geworden, nur wenige grüne Blätter trieb er noch im Sommer, und niemand beachtete ihn mehr.

In dieser Nacht aber kam mit dem Sternenlicht ein sanfter Engelshauch zur Erde herab. Es war der Weihnachtsengel, der leise durch den Stall schwebte, um nachzusehen, ob für die Geburt des Kindes inzwischen alles gut vorbereitet sei.

Mit einem leisen, zärtlichen Lächeln sah er, mit wie viel Liebe sich die Tiere, die Pflanzen und all die Elementargeisterchen bemüht hatten, das Gotteskind auf Erden zu empfangen. Still segnete er alle und kehrte unbemerkt wieder in die himmlischen Welten zurück. Nur ein wunderbarer Duft, wie nach Rosen, blieb noch in dem Stall zurück.

Den Rosenstrauch aber durchströmte bei diesem stillen Segen wieder ein neuer, warmer Lebensstrom. Eine große Welle der Liebe schien durch ihn hindurchzugehen, und er fühlte sich wieder jung und kräftig wie vor langen Zeiten!

Das alte, trockene Holz belebte sich, und schon brachen die ersten Knospen aus den dürren Zweigen. Die Triebe wuchsen, Blätter breiteten sich aus, ja, sogar eine erste Blütenknospe erschien, die bald zu einer kräftigen, roten Rose erblühte.

Mit Staunen und Bewunderung wurde sie von allen begrüßt, und froh dankte sie den anderen für den freundlichen Empfang. Als dann ein warmer Sonnenstrahl sie berührte, ging ein so zarter und süßer Duft von ihr aus, dass alle erfrischt und beflügelt wurden, als wäre der Weihnachtsengel wieder zurückgekehrt.

Der Südwind spielte um die Rosenblüte, die Sonne schenkte ihr noch einen extra warmen Strahl, und es war, als würden Frühling und Sommer auf einmal zu diesem kleinen gesegneten Stückchen Erde kommen wollen.

Die Rose selbst aber freute sich darauf, dem Gotteskind, auf das alle hier so sehnsüchtig warteten und von dem sie der Rose eifrig erzählten, bei der Geburt nahe sein zu können.

17. Das wandernde Schaf

Kürzer wurden die Tage und die Nächte kälter und länger.

Die Hirten von Bethlehem zündeten sich Feuer an, um beim Hüten der Herden in der Nacht ein wenig Wärme und Licht zu haben. Von diesen Feuern wurden auch die Wölfe abgehalten, die sich im Schutz der Dunkelheit immer näher aus den wilden Bergen zu den Ortschaften der Menschen heranwagten. Dann rückten die Schafe unter der Obhut der Hirten enger zusammen.

Doch während der kurzen, sonnigen Stunden des Tages wanderten die Schafe, von den Hirten geleitet und bewacht, durch die geschützten Täler und suchten ihren Hunger mit dem kargen Gras, das noch wuchs, zu stillen.

Ein Schaf jedoch geriet an einem dieser sonnigen Nachmittage ein wenig abseits von der Herde und wanderte einen schmalen Pfad den Berg hinauf. Dort wurde es nun nicht kälter, sondern ein warmer Südwind kam ihm entgegen. Das Gras wurde grüner und saftiger, sodass das Schäflein immer weiter ging. Endlich kam es zu dem alten Stall. Und wie staunte es da! Lilien und Rosen blühten mitten im Winter, ein bunter Schmetterling umgaukelte die Blumen, und Bienen flogen emsig hin und her. Der warme Wind schien alles mit seinem Hauch zu verzaubern, ein Stückchen vom Paradies schien auf die Erde gekommen zu sein! Staunend blieb das Schaf stehen und vergaß seine Herde und die Hirten …

Als gerade wieder das Rotkehlchen vorbeigeflogen kam, konnte sich das Schaf nicht mehr zurückhalten und fragte das Vögelchen, was es denn mit diesem wunderbaren Ort für eine Bewandtnis habe. Nun erzählte das Rotkehlchen auch dem Schaf ganz genau, was an diesem besonderen Platz geschehen sollte.

Andächtig hörte das Schaf zu. Dann aber wollte es gar nicht

mehr weggehen. Es versprach dem Rotkehlchen, dass es bestimmt keine einzige Blume anknabbern und alle Erdbeeren für das Kindlein übrig lassen würde. Es wollte nur von dem saftigen Gras essen und ganz still warten, bis das Kindlein hier auf die Welt käme.

Damit waren auch alle anderen einverstanden; das Schaf legte sich still in das weiche Gras unter dem Baum und wartete geduldig.

18. Im paradiesischen Garten

Das Fehlen des Schafes blieb von den Hirten natürlich nicht unbemerkt. Sie suchten es überall – nur auf den Gedanken, dass es auf die ihrer Meinung nach kalten, windigen Höhen der rauen Berge geklettert sein könnte, kamen sie nicht. Sie wussten ja nicht, welch wunderbarer Ort dort oben zu finden war.

Ganz anders war es mit den Schafen selbst. Sie spürten, dass sich in der Nähe irgendetwas Besonderes vorbereitete. Sie wurden unruhig – es war, als wollten alle den Weg zu der späteren Geburtsstätte des Jesuskindes suchen. Die Hirten merkten es wohl und gaben deshalb ganz besonders auf ihre Herden Acht. Da war es nur gut, dass sie meist zu dritt zusammen waren, denn sie konnten ja nicht an allen Stellen zur gleichen Zeit sein!

Dennoch gelang es noch einem der Schafe, ebenfalls unbemerkt den Hang hinaufzuklettern. Es war, als würde es von dem heiligen Ort unmerklich angezogen, und bald stand es staunend in dem kleinen Paradiesgarten. Es drängte sich nah an sein Schwesterschaf, das es ruhig unter dem Baume liegend fand.

Nun war es an diesem, dem zweiten Schaf alles genau zu erzählen, was es von dem Rotkehlchen erfahren hatte. Wie froh waren beide, diesen Ort gefunden zu haben! Auch das zweite Schaf wollte ruhig und geduldig warten, bis sich das Wunder, die Geburt des Jesuskindes, vollzogen haben würde. Über ihnen strahlte der klare Sternenhimmel, und die Schafe wurden im Schlaf eins mit der gewaltigen Weltenharmonie, welche die Seele des Kindes zur Erde herabgeleitete.

19. Aller guten Dinge sind drei

In dieser Nacht aber war es unten im Tal bei den Hirten gar nicht so friedlich: Gegen Morgen vernahmen die Schafherden plötzlich in der Ferne das hungrige Heulen der Wölfe, das näher und näher kam. Unruhig und ängstlich fingen die Schafe an zu blöken, begannen furchtsam hin und her zu rennen, und die Hirten hatten alle Mühe, die Schafe beieinander zu halten. Sie schürten das Feuer, dass es hoch aufflammte, und stellten sich schützend, mit schweren Stöcken bewaffnet, um die Herde, die sich ihrerseits bei dem Feuer zusammendrängte.

Die hell lodernden Flammen schienen die Wölfe dann auch wieder zu verscheuchen. Das Heulen erklang immer ferner, und bald war es nicht mehr zu hören.

Doch als sich die Hirten wieder ihren Herden zuwandten, fehlte abermals ein Schaf. Eifrig suchten sie hier und dort, gaben es aber bald auf, da sie vermuteten, die Wölfe hätten es mitgenommen.

Fast wäre es dem verängstigten Schaf auch so ergangen! Voll Furcht war es beim Heulen der Wölfe davongelaufen. Doch das Heulen kam näher und näher. Verzweifelt rannte das Schäfchen in Todesangst so schnell es konnte den Berg hinauf und hörte hinter sich schon den hechelnden Atem der Wölfe …

Da fühlte es sich plötzlich umfangen von einem warmen Licht. Die Wölfe blieben zurück und verschwanden im Dunkel der Nacht. Der Weihnachtsengel aber, der sich der Not des Tierleins erbarmt hatte, führte es liebevoll zu den beiden anderen Schafen, die in der sicheren Obhut des heiligen Ortes friedlich bei dem Stalle schliefen. Als es die beiden anderen Schafe erkannte, war die Freude des Schäfchens groß, und still zog sich der Engel wieder zurück.

Nun erzählte das Schaf den beiden wiedergefundenen Schwestern von seinem gefährlichen Erlebnis und davon, wie der Engel es gerettet habe. Die beiden anderen Schafe aber erzählten ihm von dem Geheimnis dieser wunderbaren Berghöhe. Nun erst bemerkte das gerettete Schaf, an welchen besonderen Platz es gekommen war, und staunend hörte es die Geschichte seiner beiden Kameraden. Ruhig und zufrieden, hierher gelangt zu sein, blieb es da, um ebenfalls die Geburt des Jesuskindes zu erwarten.

20. Der Weihnachtsengel

Inzwischen hatten sich Maria und Joseph längst auf den Weg von Nazareth nach Bethlehem gemacht, wie es von Kaiser Augustus befohlen worden war. Kaiser Augustus wollte, dass alle Menschen im jüdischen Reich zu dem Ort gingen, aus dem ihr Ahnherr stammte, um sich dort zählen zu lassen. Er wollte nämlich wissen, wie viele Menschen in seinem großen Kaiserreich lebten. Da nun Joseph und Maria von David abstammten, sollten sie nach Bethlehem gehen, dem Heimatorte Davids.

Der Weg von Nazareth nach Bethlehem jedoch war weit und für Maria ganz besonders beschwerlich zu gehen, weil sie doch das Jesuskind unter ihrem Herzen trug. So wurden ihre Schritte immer langsamer, und immer öfter musste sie eine Weile ausruhen, bevor sie weitergehen konnte. Ochs und Esel begleiteten sie getreulich. Aber immer häufiger geschah es, dass der Ochse so in seinem Trott war, dass er es gar nicht merkte, wenn Maria wieder eine Pause benötigte. Joseph musste ihm dann laut zurufen, doch endlich stehen zu bleiben. Ja, manchmal war er schon ein ganzes Stück voraus, ehe er es überhaupt wahrnahm.

Allmählich wurde es Joseph zu mühsam, den Ochsen immer wieder zurückzurufen, und da sie schon ganz nahe bei Bethlehem waren, gab er dem Ochsen einen leichten Klaps mit der Hand und meinte, dann solle er eben vorauslaufen und in Bethlehem auf sie warten. Spaßeshalber sagte er noch, der Ochs könne ja schon einmal nach einem Quartier für sie alle Ausschau halten. Maria lächelte dazu, und so trabte der Ochse gemütlich davon.

Der Weihnachtsengel aber geleitete den Ochsen gleich zu dem alten Stall, öffnete ihm eine kleine, unverschlossene Türe – und nun staunte der Ochse nicht schlecht, als er den von dem Stern freundlich erhellten Raum betrat: Alles war aufgeräumt und warm, Stroh lag bereit, und all die anderen Tiere hießen ihn freundlich willkommen, hatte doch der Weihnachtsengel selbst ihn hereingelassen.

Als der Ochse nun erzählte, dass Maria und Joseph bald nachkommen würden und er nur vorausgegangen sei, um nach dem Quartier zu sehen, wurde er von allen liebevoll aufgenommen. Der Engel brachte ihm noch ein wenig Gras von draußen, und dann schlief er auch schon ruhig ein, so müde war er von dem langen Weg geworden.

21. Lauf, Eselchen, lauf!

Der Esel war zuerst recht erstaunt, als er den Ochsen einfach so davonlaufen sah, aber dann dachte er bei sich: „Eigentlich sind wir Maria und Joseph doch nur eine Last. Jetzt muss der gute Joseph schon so auf Maria Acht geben, dass sie den weiten Weg auch schafft, und da meinen sie, sie müssten auch uns nicht aus den Augen lassen und für Futter sorgen. Dabei trage ich nur das Gepäck. Wenn wenigstens Maria sich von mir tragen lassen würde! Aber das will sie nicht, weil sie meint, es würde mir mitsamt dem Gepäck zu schwer werden. Vielleicht wäre es besser, ich würde einfach dem Ochsen nachlaufen und in Bethlehem mit ihm auf sie warten."

Mit großen Augen sah er zur Stadt hinauf. Joseph sah es und dachte wohl etwas Ähnliches. Er blickte fragend zu Maria hinüber, und die nickte nur freundlich. Da sagte er tatsächlich: „Lauf nur zu, Eselchen! Du bist schneller den Weg hinaufgesprungen als wir beide. Du wirst den Ochsen schon finden, und dann wartet ihr eben oben auf uns."

Da rieb der Esel noch einmal seinen Kopf an Marias Schulter, sie kraulte ihn liebevoll hinter seinen langen Ohren, gab ihm einen kleinen Klaps auf den Hals, und schon trabte auch er vergnügt den Berg hinauf.

Der Engel hatte ihn schon erwartet und führte auch ihn zum warmen Stall, wo er zu seiner großen Freude seinen alten Freund, den Ochsen, wieder traf. Der Esel wurde genau so freundlich empfangen wie der Ochse, und er staunte ebenso über diese für die Jahreszeit so ungewöhnliche Unterkunft.

Doch jetzt warteten alle ganz gespannt, wann denn endlich Maria und Joseph ankommen würden.

22. Die Ankunft der Hirten

Inzwischen waren die Hirten mit ihren Herden weitergezogen. Aber eigenartig, immer drängten die Schafe den Berg hinauf! Endlich ließen die Hirten die Tiere gewähren und gingen mit. Wie staunten sie jedoch, als ihnen dort statt des erwarteten kalten Bergwindes ein warmer, sanfter Südwind entgegenkam! Auch das Gras wurde nicht etwa dürrer und spärlicher, sondern immer kräftiger und grüner. Die Hirten waren verwundert und fragten sich, was es mit diesem merkwürdigen Hügel bei Bethlehem wohl Besonderes auf sich habe. Mit raschen Schritten gingen sie weiter, und bald waren sie oben.

Noch mehr aber wunderten sie sich, als sie dort alle drei vermissten und verloren geglaubten Schafe wiederfanden! Friedlich lagen sie unter einem alten, knorrigen Baum und wollten da offensichtlich auch bleiben.

Weil es nun schon Abend wurde und die frühe Dunkelheit hereinbrach, beschlossen die Hirten, die Nacht hier zu verbringen. Sie legten sich bei den Schafen zur Ruhe und schliefen ebenfalls friedlich bis in den nächsten Morgen.

23. Der Weihnachtsstern

Die Hirten blieben auch den nächsten Tag auf dem Berge, aber noch hatten sie der alten Hütte keinerlei Beachtung geschenkt. Das Gras wuchs für die Jahreszeit ungewöhnlich üppig, der Ort war friedlich und still, obgleich er dicht vor den Toren Bethlehems lag, und die Schafe grasten zufrieden, keines wollte sich entfernen oder eigene Wege gehen.

Am Abend machten die Hirten sich ein wärmendes Feuer und erzählten sich Geschichten aus alten Zeiten. So erinnerten sie sich auch an die Weissagung, dass einmal aus ihrem Volke heraus ein höchster König des Himmels und der Erde geboren werden würde. Aus dem Stamme Davids sollte er kommen, und darauf waren die Hirten besonders stolz, denn auch David war einst ein einfacher Schafhirte gewesen wie sie, ehe er den mächtigen Goliath getötet und König von Israel geworden war.

Dieser neue König aber sollte ein Friedensfürst werden, und die Menschen, in deren Herzen er wohnte, würden nichts Böses mehr tun.

Während sie so saßen, blickten die Hirten zum Himmel empor, dessen Sterne heute ganz besonders schön zu leuchten schienen. Da sahen sie in der Ferne einen außergewöhnlich hellen, strahlenden Stern aufgehen und hoch am Himmel, ganz in ihrer Nähe, stehen bleiben. Was mochte das für ein Stern sein? Was wollte er ihnen für eine himmlische Botschaft übermitteln? Lange saßen sie noch da, in ehrfürchtiges Schweigen versunken. Eine große Sehnsucht nach diesem Friedensfürsten war in ihnen wieder erwacht.

24. Die Heilige Nacht

Nun waren auch Maria und Joseph den steilen Weg nach Bethlehem hinaufgewandert. Müde und ganz durchgefroren waren sie, besonders Maria. Sie suchten eine Herberge, aber die kleine Stadt war durch die von Kaiser Augustus angeordnete Volkszählung so voller Menschen, dass sie nirgends ein Unterkommen fanden. Wer noch Platz hatte, der wollte ihn lieber an Menschen vergeben, die dafür viel Geld bezahlen konnten, und nicht an so arme Leute wie Joseph und Maria, und so wurden sie überall abgewiesen.

Endlich kamen sie außerhalb der Stadt zu dem alten Stall, den keiner haben wollte. Und wer rief ihnen da schon sein „Iaaah…" und „Muhhh…" entgegen? Das Eselein und das Öchslein natürlich! Wie froh waren da alle zusammen! Aber es war schon bald Abend, und es wurde höchste Zeit, dass Maria in den warmen, von den Tieren so liebevoll hergerichteten Stall kam, freundlich erleuchtet durch den kleinen Stern. Müde und erschöpft erwärmten sich Joseph und Maria und ruhten sich aus von dem langen beschwerlichen Weg, dankbar dafür, eine so schöne Herberge gefunden zu haben!

Dann aber, mitten in der Nacht, wurde das Jesuskind geboren …

Nun frohlockte alles, Himmel und Erde, Pflanzen und Tiere, ja selbst die Steine!

Der Himmel bei dem hellen Weihnachtsstern über dem Stall öffnete sich, und der Weihnachtsengel selbst offenbarte sich mit all den himmlischen Heerscharen. Der himmlische Jubel erreichte auch die Hirten, die in der Nähe lagerten. Der Weihnachtsengel selbst verkündete ihnen die frohe Botschaft von der Geburt des Jesuskindes.

Die Engel sangen:

>>Geoffenbaret sei Gott in den Höhen
Und Friede auf Erden
Den Menschen, die eines guten Willens sind!<<

Staunend und verwundert, fast wie im Traum, vernahmen die Hirten die frohe himmlische Botschaft.

25. Das Jesuskind ist geboren

Dann aber wollten die Hirten eilends zu dem holden Kinde, um es anzubeten und ihm ihre Gaben zu bringen. Auch sie waren ja arm, aber sie suchten zusammen, was sie hatten: Milch, etwas Mehl und warme, weiche Schafwolle.

Nun erst bemerkten sie den alten Stall und all die Wunder, die sich hier ereignet hatten, und alle, die sich in ehrfürchtiger Runde um das Kindlein versammelt hatten: das Rotkehlchen, das Eichhörnchen, das Glühwürmchen, den sonst so scheuen Raben, den Schmetterling, die eifrigen Bienen, die köstlichen Erdbeeren, den klaren Kristall, Lilie und Rose und den freundlichen kleinen Stern, der den großen, klaren Himmelsraum verlassen hatte, um Maria, Joseph und dem zarten Jesuskindlein im einfachen Stalle zu leuchten.

Die Hirten wussten nicht, über welches der Wunder sie am meisten staunen sollten.

Das größte Wunder aber war doch das Kindlein Marias. Ehrfürchtig verneigten sie sich vor ihm und brachten ihm ihre Gaben dar.

Dankbar nahmen Maria und Joseph die Geschenke an und segneten die frommen Hirten.

Lange blieben sie noch betend stehen, ehe sie sich leise verabschiedeten und zurück zu ihren Herden gingen. Lange besprachen sie nachdenklich untereinander, was sie gehört und gesehen hatten, und priesen Gott für die Gnade, die er ihnen hatte zuteil werden lassen.

26. Der Stern des Königs Melchior

Von Osten her erschienen andere Sterne. Sie hatten einen weiten Weg aus fernen Königreichen zurückgelegt.

Der erste dieser Sterne, der am noch dunklen Osthimmel erschien, kam vom Land des Königs Melchior, und er erzählte bereitwillig aus diesem fernen Reich: Es war ein reiches und fruchtbares Land, das er dort beschienen hatte. Sein König regierte mit gerechter Hand, und gerne gehorchten ihm seine Untertanen. Er kümmerte sich nicht nur um ihre Sorgen und Nöte, er war auch mit den alten Sternenweisheiten vertraut, die ihm halfen, das Land im Einklang mit den göttlichen Mächten zu leiten.

Aufmerksam betrachtete der König daher immer den Sternenhimmel, und so entdeckte er auch gleich den wunderbaren Weihnachtsstern. Er ließ sich seine ältesten Bücher bringen und forschte lange darin. Endlich hatte er gefunden, was er gesucht hatte, und staunend las er in der alten Schrift von der Geburt des göttlichen Kindes. Lange schon war dieses Ereignis allen Völkern verheißen worden, und Melchior erkannte in dem göttlichen Kinde einen höheren König, als er selbst es war. So war es für ihn selbstverständlich, dass er zu diesem neuen König reisen müsse, um ihm seine Ehrfurcht zu zeigen. Als Zeichen seiner hohen Würde wollte er ihm eine fast wie die Sonne strahlende Goldkugel als Geschenk und Opfer mitbringen.

Mit ruhiger Hand brachte er die Geschäfte des Reiches in Ordnung und sorgte dafür, dass alles während seiner Abwesenheit ordentlich weiter lief. Dann machte er sich mit seinem Gefolge auf die Reise, den neuen König zu suchen.

So erzählte der erste der Sterne.

27. Der Stern des Königs Balthasar

Auch der zweite Stern, der aus dem Osten erschien, wusste viel zu berichten:

Er kam vom Land des Königs Balthasar. Dieser war ein frommer, in Weisheit alt gewordener Herrscher. Sein Volk liebte und verehrte ihn. Auch er liebte sein Volk und leitete es in Gottesfurcht und Weisheit. Schon von seinen Vätern her war er in der Sternenweisheit bewandert, und gerne versank er des Nachts, wenn die Unruhe des Tages sich gelegt hatte und alle schliefen, in den Anblick der Gestirne, voll Bewunderung für ihre Schönheit und Weisheit, die sich in ihrem Gang offenbarte.

So sah er auch den neuen unbekannten Stern. Er versank darüber in tiefes Sinnen und suchte in seinem frommen Gemüt nach einer Erklärung für dieses wundersame Sternenbild am Himmel. Bald erkannte er die himmlische Botschaft von dem großen Bringer des Heils, die der Stern der Menschheit übermittelte. Ehrfürchtig neigte sich König Balthasar vor ihm und fühlte, dass er sich nun auf den Weg machen musste, diesem neuen Himmelskönig hier auf Erden seine Verehrung entgegenzubringen.

Mit inniger Sorgfalt verwahrte er den Weihrauch, das köstlichste Räucherwerk, das er kannte, in einem edlen Gefäß. Diesen wollte er dem neuen König opfern. Sodann befahl er sein Reich in Gottes Hand, gab seinen Räten die letzten Anweisungen für die Zeit seines Fernbleibens und machte sich mit nur wenig Dienerschaft in stiller Freude auf den Weg, den neugeborenen Golteskönig zu suchen und ihm zu opfern.

So war der Bericht des zweiten Sternes.

28. Der Stern des Königs Caspar

Ein weiterer Stern erschien am Osthimmel und berichtete von einem dritten König aus einem fernen Lande:

Heiß schien die Sonne dort und brannte die Haut der Menschen dunkel. Es waren schöne, aufrechte Männer und Frauen, die dort lebten und die stolz waren auf ihren tatkräftigen jungen König Caspar. Mutig und klug herrschte dieser über sein Volk. Auch er war ein Sternenkundiger. Er hatte die Wege und die Bedeutung der Gestirne wohl erforscht und achtete aufmerksam auf ihre Bewegungen. Jede Nacht trat er auf die Terrasse seines Palastes und beobachtete die Veränderungen am Sternenhimmel.

So entging ihm auch der neue strahlende Weihnachtsstern nicht, und bald hatte er die gewaltige Bedeutung erkannt, welche seine Botschaft für die Menschheit hatte. Das berührte seine Seele tief.

Er erglühte in warmer Liebe zu dem hohen Wesen, das sich in diesem Kinde offenbarte, und all sein Sinnen und Trachten stand nun danach, zu diesem neugeborenen König zu gelangen, um ihm seine Liebe und Verehrung zeigen zu können.

Was aber sollte er ihm mitbringen? Musste ihm nicht etwas ganz besonders Wertvolles geopfert werden? Und was gab es Wertvolleres als die Myrrhe?

Glücklich darüber, diesem hohen König begegnen zu dürfen, ordnete auch er mit seinen Räten, was für sein Fernbleiben nötig war, befahl, alles für die weite Reise herzurichten, und machte sich rasch mit seiner Begleitung auf den Weg, den Geburtsort des Kindes zu suchen.

Dies erklang von dem dritten Sterne.

29. Der jubelnde Sternenchor

Nachdem die hinzugekommenen Sterne von den drei sternenweisen Königen erzählt hatten, begann zuerst der kleine Stern im Stall leise und zart zu klingen, dann stimmten alle neun Sterne beim Stall zusammen in das Klingen und Singen ein, und endlich setzte sich dieses fort durch den ganzen Himmelsraum. Zuerst klang es ganz leise und verhalten, dann wurden die Töne immer kräftiger, und endlich zog durch das ganze Himmelsgewölbe ein Brausen und Jubeln in ewigen Harmonien, das sich beim Weihnachtsstern im Kleinen wieder zusammenfand. Alle himmlischen Gaben lebten darin und waren für das Kind bereit.

Inzwischen war im Osten die Mondsichel aufgegangen. Zart spiegelte sie die mächtigen Klänge aus dem Weltenraum zur Erde zurück, damit die Erdenmenschen, zu denen nun auch das Jesuskind gehörte, vor dem mächtigen Klang nicht erschreckten.

So empfanden die Menschen, die in dieser Nacht zum Himmel aufblickten, im silbernen Mondlicht nur ein zartes Singen wie von weit, weit her, das aber stillen Frieden in ihre Herzen senkte.

So konnten auch sie etwas ahnen von der Heiligkeit der Nacht.

30. Die Christrose

Bei den silbernen Klängen des Mondes war vor dem alten Stall eine weitere Blume erblüht. Als kleine Rose hatte sie noch unter der Erde geschlafen, als sie von den wunderbaren Tönen geweckt wurde, deren Botschaft sie sehr wohl verstand. Sie erfuhr durch die Klänge von dem zarten, unschuldigen Kinde, das mitten in der Winterkälte geboren worden war und einst das Heil der Welt werden würde.

Da wollte auch die kleine Rose bei dem Kind auf der Erde sein. Eilig begann sie sich zu recken und zu strecken, um durch die dunkle Erde zu brechen, sodass ihre Blätter in der Eile gar nicht nachkommen konnten. Strahlend breitete sie über der Erde ihre Blütenblätter aus – aber durch die silbernen Klänge des Mondes, welche sie so tief ergriffen hatten, hatte sie sich verwandelt: Ihre Blütenblätter waren nicht mehr rot, nur ein zarter Rosenschimmer lag noch auf der Außenseite. Sie waren wie weißes Mondlicht geworden. So strahlte sie dem Kinde entgegen – die Christrose.

Von dem warm-goldenen Blick aber, mit dem das Heilige Kind sie beschenkte, entstand in ihrer Mitte eine goldene Sonne.

Seither wagt sie sich jedes Jahr durch Eis und Schnee auf die Erde, strahlt uns mit ihrer kleinen leuchtenden Sonne in der unschuldig weißen Blüte an und erinnert an die Weihenacht. Ohne Dornen ist sie und spiegelt inmitten ihrer glatten, weißen Blütenblätter die Sonne des Christuskindes, dessen Blick sie in der Weihenacht berührte.

31. Die weise Schlange

Noch ein Wesen fand sich ein, um das Kind aus geringer Entfernung ehrfürchtig anzubeten: Es war die Schlange, die sich nicht näher traute, um die Heilige Familie mit ihrem Anblick nicht zu erschrecken. Wusste sie doch, dass die Menschen Angst vor ihr hatten.

Sie war, wie alle Schlangen, sehr weise. Sie kannte die Menschen seit Urzeiten. Sie wusste von ihrer Schuld, wegen der sie damals das Paradies verlassen mussten. Sie hatten – durch Luzifer, den gefallenen Engel, verführt, der sich ihnen in Gestalt einer Schlange genähert hatte – vom verbotenen Baum der Erkenntnis gegessen. Dadurch hatten sie das Gebot Gottes übertreten und waren doch gleichzeitig auch auf eine neue Art weise geworden: Sie wussten nun das Gute und das Böse zu erkennen.

In diesem Heiligen Kinde nun wollte der höchste Gott Menschengestalt annehmen und unschuldig diese Schuld der Menschheit auf sich nehmen und tilgen.

Die Schlange wusste um dieses große Geheimnis – aber sie konnte es nicht verstehen. Sie kannte zwar viele große Geheimnisse der Welt, aber das Geheimnis der Liebe, das Wissen um die Wirkung der Liebe, war ihr fremd geblieben.

Da traf sie der warme, liebevoll strahlende Blick des Kindes. Es hatte die Schlange wohl bemerkt und kannte keine Furcht vor ihr. Durch diesen Blick ging etwas von der warmen Liebe des Kindes hinüber zu der alten Schlange – und eine Ahnung stieg in ihr auf über das Geheimnis der Liebe: Nie, auch in höchster Gefahr, würde sie diesem Kinde etwas antun können. Sie ahnte, dass es etwas noch Höheres gab als die Weisheit, nämlich die Liebe, die Liebe zu diesem Kinde.

Trotz ihrer großen Scheu vor den anderen Tieren und den Menschen blieb sie so im Kreis der Geschöpfe, welche sich in Liebe um dieses Kind versammelt hatten.

1*. Die heilige Eule

Neben der Schlange hatte sich mit unhörbar leisem Flügelschlag eine Eule in der Höhlung eines alten Felsens niedergelassen. Aus dem Tempel eines fernen Landes war sie hergeflogen. Dort hatte sie bisher gelebt, von den Menschen als heiliges Tier einer Göttin verehrt und von den Priestern geachtet und gehegt.

Aber die Opferfeuer dieser Priester hatten ihre Kraft verloren. Die Weisheit der Göttin, welche in diesem Tempel verehrt wurde, war diesen Menschen durch die Suche nach äußerer Befriedigung der Bedürfnisse verloren gegangen. Öde erschienen der Eule die Hallen und Höfe der früher so belebten Tempel. Zwar wussten die Menschen viel, und sie wussten immer mehr – aber war es noch Weisheit? Oder hatten die Menschen die Verbindung mit der göttlichen Weisheit ganz verloren? In langen Nächten hatte die Eule über diesen Fragen gegrübelt und war tief in ihre Gedanken versunken.

So auch in jener Nacht, als sie fast erschrak, als der erstaunte Ausruf eines jungen Priesters sie plötzlich aus ihrem Sinnen in die Wirklichkeit zurückrief.

Der junge Priester hatte in der klaren Nacht einen Stern entdeckt, wie er noch nie zuvor einen gesehen hatte, und nun rief er die anderen herbei, um ihnen seine Entdeckung zu zeigen. Lange rätselten sie um die Bedeutung dieses Sternes. War es ein neuer Stern, welcher die Ankunft jenes unbekannten Gottes anzeigte, der einst kommen sollte und der höher war als all die anderen Götter, welche sie kannten und verehrten? Lange besprachen sie die Frage mit all ihrem Für und Wider.

Die Eule jedoch wusste, dass er es war. Lautlos war sie aufgeflogen und in der Nacht verschwunden. Nun war sie hier und verharrte in stiller Anbetung der höchsten Weisheit.

2*. Die Taube des Einsiedlers

Weit entfernt, in einem Wald, in den kaum ein Mensch kam, lebte ein Einsiedler. Er hatte sich aus Zweigen eine einfache Hütte gebaut, lebte von den Kräutern, Wurzeln, Beeren und Nüssen des Waldes und davon, was ihm manchmal die Menschen brachten, die kamen, um seinen Rat einzuholen. Meist aber war er still ins Gebet vertieft, damit bei all den äußeren Sorgen und Nöten, welche die Gedanken der Menschen beherrschten, Gott nicht ganz vergessen werde.

Dennoch war er nicht allein, denn die Tiere des Waldes waren seine Freunde, die ihn regelmäßig besuchten und die er mit warmer Liebe empfing. Ganz besonders vertraut war ihm eine schneeweiße Waldtaube, die sich bei ihm eingenistet hatte und ganz oben unter seinem Dach aus Zweigen seine Hütte mit ihm teilte. Oft saß sie auch während seiner Gebete auf seiner Schulter, ohne sich zu rühren.

In der Heiligen Nacht nun, als das Jesuskind geboren wurde, war der Einsiedler wieder still ins Gebet versunken, und die Taube saß auf seiner Schulter. Da war es ihm, als sähe er den alten Stall mit all den Wundern, die darin geschahen, und er hörte die Engel, welche für die Geburt des Heiligen Kindes Gott lobten und priesen.

Lange war er in den Anblick dieses holden Bildes versunken, ehe er aus seiner Entrückung wieder zu sich kam. Er sah die Taube auf seiner Schulter sitzen. Er erzählte ihr sein Erlebnis. Danach bat er sie, zu dem Kinde zu fliegen und ihm seine Anbetung zu erweisen.

Nur zu gerne sagte es ihm die Taube zu, tat sie ihm doch herzlich gerne einen Dienst – und diesen ganz besonders gern. Gleich machte sie sich auf den Weg. Über Berge und Flüsse flog sie, über weite Ebenen, ja sogar über das Meer – einen langen, langen Weg –, bis sie endlich das Kind fand, zu dem auch sie der Stern geleitete.

Ein strahlender Blick des Kindes belohnte sie für all ihre Mühen, und sie dankte Gott in einem innigen Lied und dankte dem Einsiedler, dass er sie hierher gewiesen hatte.

3*. Gold für den Sonnenkönig

Die Könige waren einstweilen – jeder für sich – ihre Straße weitergezogen mit dem Stern als ihrem Führer.

Eines Tages aber sah jeder von ihnen noch zwei andere Reisegesellschaften in der Ferne dahinziehen, die immer näher kamen. An einem Kreuzweg stießen sie aufeinander und begrüßten sich höflich – die Heiligen Drei Könige hatten sich getroffen!

Sie befragten sich gegenseitig nach ihrem Reiseziel, und als sie einander freimütig ihre Geschichten erzählt hatten, waren sie ganz glücklich darüber, dass sie alle dasselbe Ziel hatten, und beschlossen, gemeinsam weiterzureisen.

Wenn sie nun gelegentlich rasteten, erzählten sie sich mehr und auch, was sie bewogen hatte, gerade diese Geschenke für den neugeborenen König auszuwählen.

Als Erster begann König Melchior, welcher das edle Gold mit sich führte:

In Urzeiten der Erde, so wusste er zu berichten, war diese noch innig mit der Sonne verbunden. Doch die Sonne war zu gewaltig für die Erde und die Entwicklung der Menschen. Daher löste sich die Sonne von der Erde und sandte ihr nun von außen ihre wärmenden Strahlen zu. Mit ihr waren auch die höchsten helfenden Geistwesen von der Erde fortgezogen, um mit der Sonne zusammen von außen auf die Erde zu wirken.

Sie hatten aber in dem Schoß der Erde etwas zurückgelassen, was die Menschen immer an die edlen Sonnenkräfte erinnern sollte – nämlich das Gold! Nichts kann es beschmutzen oder verderben, es kennt keinen Rost wie das Eisen, welches von ihm aufgefressen wird, sondern es leuchtet stetig weiter wie die Sonne und wie die ewige Weisheit. Weich und doch fest lassen sich aus ihm die schönsten Gefäße gestalten und die zartesten Geschmeide verfertigen. So ist das Gold das Wahrzeichen der Sonne auf der Erde.

Und dieser neue König, brachte er nicht die edlen, hellen Sonnenkräfte der Erde wieder zurück? War er nicht ein Sonnenkönig? Deshalb, so sprach der König Melchior, habe er das Gold als würdiges Geschenk und Opfer für dieses Kind mitgebracht.

Ehrfürchtig hatten die beiden anderen Könige seinen Worten gelauscht und dankten ihm für seine Auskunft.

4*. Weihrauch für das Heilige Kind

Bei der nächsten Rast begann König Balthasar:

„In einem heiligen Hain bei unserem Tempel wachsen viele edle Bäume. Einige von ihnen werden besonders gepflegt. Wenn die Priester bei ihnen mit großer Vorsicht und Behutsamkeit mit einem besonderen Messer die Rinde ritzen, fließt ein Saft heraus, der edle Düfte verströmt. Dieser dickflüssige Saft wird zu einem immer festeren Harz, ja zu Körnern, die in der warmen Sonne fast golden glänzen. Es ist der Weihrauch. Beginnt der Priester mit der Opferhandlung im Tempel, so streut er diese Weihrauchkörner auf eine glühende Holzkohle. Nun entströmt ihnen in dem sich bildenden Rauch ein wundersamer aromatischer Duft. Sanftmütigkeit durchströmt mit ihm die Herzen derer, die sich mit ihm so verbinden, und reine Frömmigkeit durchzieht ihr Gemüt. Böse Geister müssen vor diesem Opferrauch weichen.

So, wie sich der Weihrauch der Wärme des Feuers hingibt, sich selbst aufopfert, um im heiligen Rauch die Herzen der Menschen zu reinigen, so wird sich einst in völliger Selbsthingabe Gott in diesem Kinde ganz hingeben und rein und unschuldig die Schuld der Menschen einlösen. Deshalb dachte ich, dass diesem hohen Kinde Weihrauch geopfert werden muss.

Mögen sich unsere Herzen so reinigen, dass sie würdig werden, diesem Kinde zu begegnen!"

So sprach der zweite König, während die beiden anderen andächtig seiner Erzählung zuhörten.

5*. Die immergrüne Myrrhe

Nun war es an König Caspar, von seinem Geschenk zu berichten, was er gerne tat.

Er erzählte, wie es in den Urzeiten der Menschen auf der Erde noch keine Krankheit und keinen Schmerz gegeben habe. Damals wären die Menschen noch innig mit den Göttern verbunden gewesen. Doch je mehr sich die Menschen von den Göttern entfernt hätten, umso mehr Krankheit, Leid und Schmerz sei über sie gekommen. Aus Mitleid mit ihnen hätten die Götter den Menschen eine Pflanze geschenkt, durch welche der Kundige das Leid und den Schmerz lindern könne: die immergrüne Myrrhe.

„Auch sie schenkt uns ein Harz", so sprach er, „dessen Rauch durch das Verbrennen die Luft von Krankheiten reinigt. Als Salbe auf einer Wunde verstärkt sie die Heilungskräfte, und als Arznei in richtigem Maße dem Kranken gegeben, verhilft sie ihm zur Gesundheit, so Gott es will. Aber ein noch größerer Heilbringer", sprach König Caspar mit wachsender Begeisterung, „ist dieser neue König! Er ist nicht nur der größte Heiland aller Zeiten, der den Menschen die innere Gesundheit wiedergeben kann, wenn sie sich ihm anvertrauen, er wird selbst dem Tod seine Schrecken nehmen und ihn überwinden. So kann der Menschheit ihr ewiges Selbst bewahrt und gerettet werden.

Darum möchte ich dem größten Heiland der Welt die heilbringende Pflanze meines Volkes zu Füßen legen!"

So endete König Caspar seine Rede.

Tief beeindruckt verneigten sich die Könige voreinander und setzten mit neuer Kraft ihren Weg fort.

In Jerusalem fragten sie bei König Herodes nach dem Kinde,

dem neugeborenen König der Juden. Der erschrak gewaltig und schickte sie schließlich auf den Rat der Schriftgelehrten nach Bethlehem, um das Kind dort zu suchen.

6*. Die Gaben der Heiligen Drei Könige

Die Heiligen Drei Könige zogen weiter, und endlich erreichten sie die Anhöhe, auf der sich schon so viele versammelt hatten, um das Heilige Kind anzubeten. Der helle Weihnachtsstern stand über dem alten Stall und zeigte ihnen den Weg zum Jesuskind.

Voller Ehrfurcht traten die Heiligen Drei Könige in die Hütte und fielen vor dem Kindlein auf die Knie. Tiefe Freude und Dankbarkeit erfüllte sie, als das Jesuskind seinen weisen, liebevollen Blick auf die Könige richtete. Nun wussten Melchior, Balthasar und Caspar, dass ihre Deutung richtig gewesen war: Der größte Heiland aller Zeiten war geboren! Tief ergriffen reichten sie ihm ihre Gaben dar: Gold, Weihrauch und Myrrhe.

Als es für die Könige an der Zeit war, sich wieder auf den Heimweg zu machen, folgten sie der Weisung eines Traumgesichtes und wählten Wege, die sie nicht zu Herodes nach Jerusalem führten. Wieder folgten sie den hellen und klaren Sternen, die jeden der Könige sicher in sein Reich zurückführten.